Alejandro Algarra / Rocío Bonilla

Cambia el tiempo

Cambian las estaciones

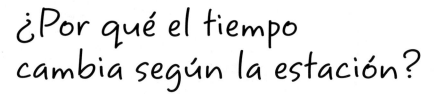

¿Por qué el tiempo cambia según la estación?

Irene y su hermano Bruno quieren saber:
¿Por qué en primavera a veces llueve muy fuerte
y al rato sale un sol espléndido?
¿Por qué en verano hace tanto calor y
en invierno, en cambio, hace tanto frío?
¿La caída de las hojas en otoño tiene
algo que ver con el tiempo?

El Sol y el tiempo atmosférico

¿Qué hace que el tiempo no sea siempre igual todo el año?
El mayor responsable es el Sol. Es una bola de fuego gigante que
nunca se apaga y que ocupa el centro de nuestro Sistema Solar.

Sus rayos llegan hasta nosotros y nos dan luz y calor desde hace
millones de años. El Sol hace que existan las nubes y la lluvia,
el viento y las olas del mar, la nieve y el hielo...
y muchos elementos atmosféricos más.

La Tierra gira sobre sí misma

La Tierra es una enorme esfera que gira sobre sí misma como una bailarina. Además, da una vuelta alrededor del Sol durante 365 días (un año) y después vuelve a empezar. Estos movimientos de la Tierra hacen que haya día y noche, y también cuatro estaciones: primavera, verano, otoño e invierno.

Día y noche, luz y oscuridad

Como nuestro planeta gira sobre sí mismo, cuando mira hacia el Sol
es de día y cuando no mira hacia el Sol es de noche.

Normalmente, durante el día, el Sol nos calienta y hace más calor. Por la noche hay oscuridad y falta su calor, por eso hace más frío. Pero también puede hacer frío de día o calor por la noche según la estación en la que estemos.

¿Por qué hay estaciones?

La Tierra es como una enorme bola, una esfera.
Hay una línea imaginaria que la rodea como un cinturón.

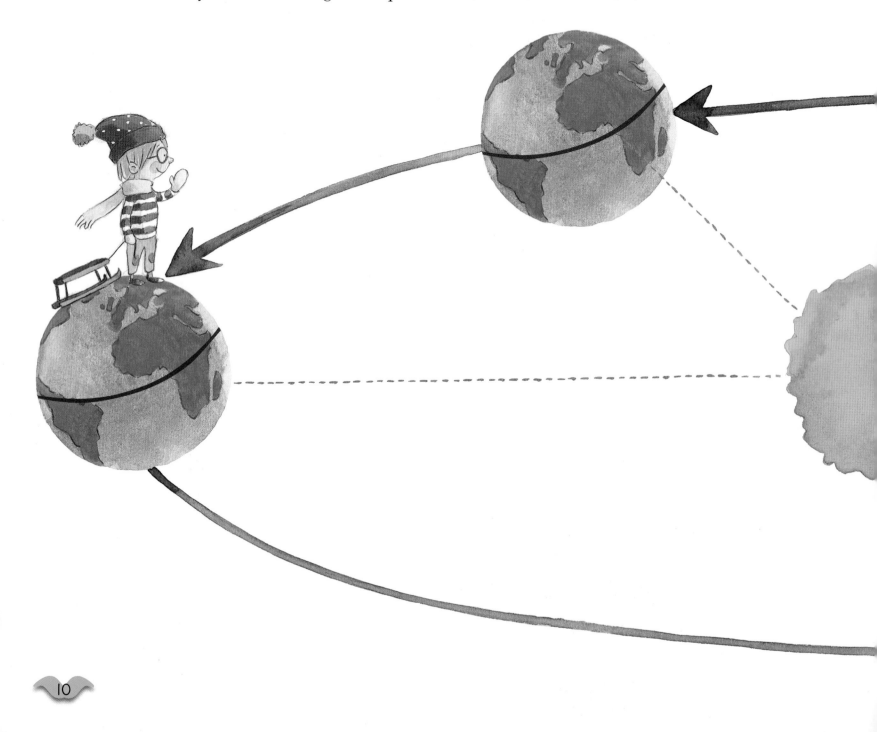

Esta línea se llama **ecuador** y divide el planeta en dos partes: el hemisferio norte y el hemisferio sur. A lo largo del año, mientras la Tierra gira alrededor del Sol, el calor y la luz llegan de forma distinta al norte y al sur. Por eso, en algunos sitios hará frío y en otros calor.

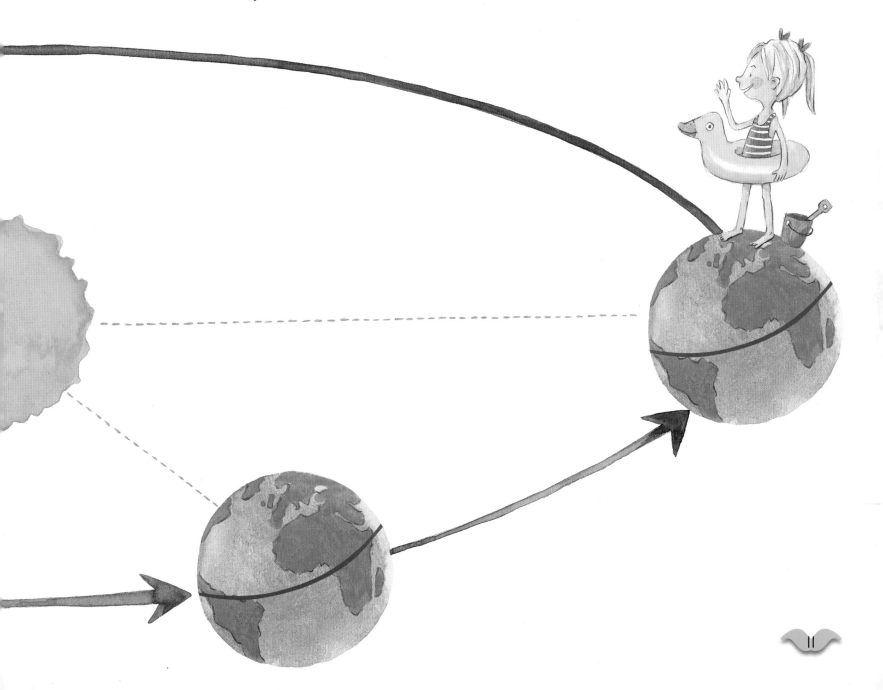

Tiempo de primavera, tiempo loco

Ha llegado la primavera: conforme pasan los días,
hay más horas de sol y hace más calor. Pero la primavera
es una estación un poco loca porque hay días que hace
mucho viento, otros días llueve y puede caer hasta granizo.
Algunas mañanas son frías, pero luego hace calor y luce
un sol espléndido. La nieve del invierno se funde, el agua
baja por los valles y alimenta los ríos y las fuentes.

La vida florece en primavera

En esta época del año, en muchas plantas y árboles crecen hojas y maravillosas flores. Los árboles frutales se llenan de flores que dentro de unos meses darán deliciosos frutos. La mayoría de los insectos comienzan a salir y las aves y los mamíferos aprovechan para reproducirse para que sus crías crezcan con buen tiempo.

16

Se acerca el verano...

Cuando la primavera se acaba, el día es largo y la noche, corta. El sol calienta durante más horas y sus rayos llegan más directamente al planeta. Hace mucho calor, de día y de noche. Las plantas comienzan a dar sus frutos. Además, el agua de los mares está más caliente. En verano, el tiempo no está tan loco como en primavera. Lo malo es que, en lugares donde el calor es sofocante, pueden producirse sequías.

Tormentas veraniegas

En esta estación son normales las grandes tormentas.
No son como las de la primavera, porque aparecen de golpe
y no duran mucho: el cielo se oscurece, nubes muy altas
descargan rayos, suena el trueno y durante algunos minutos
cae una enorme tromba de agua. Al acabar, el cielo luce un
arcoíris espléndido, vuelve el calor y se ven los preciosos
colores de la naturaleza.

Cuidado con el sol en verano

El verano significa vacaciones, sol y playa. Pero, ¡cuidado!
Es muy importante proteger muy bien nuestra piel cuando
salimos al exterior.

En esta estación es normal llevar prendas de manga corta
y faldas o pantalones cortos. Si vas a la montaña o a la playa
a pasar el día, asegúrate de ponerte una crema protectora.
En las horas de más calor, es mejor permanecer a la sombra.

El otoño

En el hemisferio norte, cuando llegan septiembre y octubre, el tiempo cambia. Los días son más cortos, las cálidas brisas del verano se han acabado y algunos días empieza a hacer un poco de frío. El sol permanece menos tiempo en el cielo y sale más bajo, como más débil. Los mares y lagos están cada vez más fríos.

Aves migratorias y cosecha de cereales

Muchos pájaros, cuando acaba el verano, vuelan juntos hacia el ecuador para pasar el invierno. Forman grandes grupos en el cielo y a menudo dibujan una gran "V" en el horizonte. Un ejemplo de ave migratoria es la golondrina. En otoño se cosechan los cereales y otras plantas del campo: se recoge trigo, cebada, calabazas, castañas… y aparecen muchas setas en el bosque.

La estación marrón

En otoño, la naturaleza se prepara para la llegada del frío.
Los insectos han almacenado comida durante el verano y en otoño
ya quedan muy pocos: pasarán el invierno en refugios y sus crías
lo harán en forma de huevos, pupas o larvas y nacerán cuando
haga más calor. A muchos árboles se les empiezan a poner las hojas
de color marrón, luego caen y las ramas se quedan desnudas.
Así se protegen de las heladas invernales.

¡Llegó el invierno!

En diciembre, también en el hemisferio norte, los días son muy cortos. El aire y la tierra no se calientan lo suficiente y sopla un viento frío. En algunos lugares, las tormentas son de nieve y los estanques, lagos y fuentes se congelan. Los campos y las montañas se visten con un manto blanco. Por las mañanas, la tierra y las plantas aparecen cubiertas de hielo: es la escarcha. ¡Qué frío hace! Irene le dice a Bruno que si ahora mismo estuvieran en el hemisferio sur estarían pasando mucho calor.

Preparados para el frío

La vida no es fácil en invierno.
Muchos anfibios, reptiles y mamíferos acumulan
reservas durante el verano y el otoño, y en
invierno se echan a dormir: este comportamiento
se llama hibernación.

Pronto llegará la primavera

Pasan los días de invierno y el tiempo continúa estable. Irene y Bruno tienen mucho frío, pero poco a poco los días son más largos. «Mira, ¿ves ese brote en el árbol?», dice ella. «Antes de que te des cuenta el invierno habrá acabado, ¿no crees que es maravilloso?». El niño se queda pensando, mientras se frota las manos y observa a una pequeña hormiga que parece haber salido a saludarle y convencerle de que lo peor del invierno ya ha pasado.

Guía para los padres

En el hemisferio norte estamos acostumbrados al clima de nuestras cuatro estaciones. Pero, ¿sabes que en el resto del planeta las estaciones son diferentes? Cuando en el hemisferio norte empieza el verano, en el hemisferio sur empieza el invierno. Y luego al revés: su verano coincide con el momento en que aquí hace más frío. Lo mismo sucede con las otras dos estaciones, es decir, la primavera y el otoño.

En otros lugares no tienen las cuatro estaciones tan diferentes que conocemos aquí. Hay zonas, cerca del ecuador, donde siempre hace mucho calor y hay una estación seca y otra lluviosa. También hay lugares donde casi nunca llueve: los desiertos. Nuestras estaciones son:

PRIMAVERA

La primavera empieza el 21 de marzo y termina el 21 de junio. Después del duro invierno, los ciclos vitales de las plantas y los animales se activan. En los árboles que han perdido sus hojas en invierno (árboles de hoja caduca), salen brotes y crecen nuevas hojas y flores. También en muchos arbustos y plantas silvestres se produce la floración. Los animales que hibernan despiertan de su letargo, los insectos nacen de sus huevos o salen de sus crisálidas y la actividad en la naturaleza empieza a ser frenética. Las aves migratorias vuelven a los lugares donde residen en verano, muchas veces al mismo nido que dejaron el año anterior.

El tiempo atmosférico es cambiante. Después de la relativa estabilidad del invierno, los días se van haciendo más largos y en una misma jornada puede llover, hacer sol, soplar un fuerte viento… El calor va aumentando, ya que el Sol ilumina nuestro hemisferio durante más tiempo cada día y sus rayos son cada vez más directos. El agua, en el campo, aparece por todas partes: la nieve y el hielo que se han acumulado en las montañas durante la estación fría se funden y se convierten en agua, que baja por las laderas, empapa el suelo y alimenta las fuentes y los riachuelos de los valles.

VERANO

El verano empieza el 21 de junio y acaba el 21 de septiembre. En el hemisferio norte es el momento en el cual la Tierra está más lejos del Sol (porque la órbita de traslación de la Tierra alrededor del Sol no es circular, sino elíptica), pero es a la vez el momento en que sus rayos inciden de forma más directa sobre ese hemisferio. Las noches son cortas y los días largos, y todos los días hace mucho calor, que en algunos momentos llega a ser sofocante. La actividad en la naturaleza alcanza su cénit: los mamíferos y las aves se encargan de cuidar a sus crías, nacidas en primavera, y las preparan para la vida: les enseñan a comer, a cazar, a esconderse o huir, y a volar, en el caso de las aves. Los pequeños tienen que estar preparados para las estaciones más frías. Los insectos completan su ciclo: revolotean entre las flores, comen y se reproducen. Las orugas comen y comen sin parar… En el mundo de las plantas, muchas de las flores de la primavera se han convertido en frutos, que maduran al sol y están listos para que las semillas que contienen sean dispersadas por los animales o el viento.

El tiempo es estable a lo largo del verano, con momentos de mucho calor tanto de día como de noche. En algunos lugares pueden producirse peligrosas sequías, sobre todo allí donde el invierno y la primavera han sido más secos. En verano, cuando llueve, llueve muy fuerte: la típica tormenta veraniega llega en forma de nubes masivas y muy altas (los cumulonimbos) que descargan enormes trombas de agua en pocos minutos. Luego el cielo se despeja rápidamente y no queda ni rastro de la tormenta.

OTOÑO

El otoño empieza el 21 de septiembre y acaba el 21 de diciembre. Al contrario que en primavera, el día es más corto conforme pasan los meses. Los rayos del Sol no inciden en la superficie de forma tan directa, sino con cierta inclinación. A esto hay que añadir que las noches son más largas y más frías. El tiempo es desapacible y pasa de ser cálido a principios del otoño a frío a finales de la estación. En la naturaleza, tanto las plantas como los animales empiezan la frenética preparación para la estación más fría. Las plantas herbáceas desaparecen: pasarán el invierno en forma de semilla o como bulbos subterráneos. Los árboles y arbustos, si son de hoja caduca, empiezan a ralentizar su actividad. Las hojas mueren y pasan del verde al amarillo, y luego al marrón,

para acabar cayendo de los árboles. El mundo animal también se prepara para el mal tiempo. Algunos animales emigran a zonas más cálidas. El mejor ejemplo son las aves, que parten hacia latitudes más cálidas, cercanas al ecuador. Otros animales se dedican a comer vorazmente para acumular reservas energéticas para el invierno. Muchos excavan madrigueras o túneles, o se cobijan en cuevas o agujeros, donde pasarán el invierno dormidos. Es el proceso de hibernación y lo realizan mamíferos, reptiles y anfibios. Las formas adultas de los insectos, con la excepción de las hormigas y las abejas, suelen morir cuando acaba el verano. Pasarán el invierno enterradas como pupas o en forma de resistentes huevos.

El tiempo atmosférico puede ser muy desapacible en otoño. Se producen lluvias estacionales, que en ocasiones pueden ser bastante duraderas. El viento es cada vez más frío cuando sopla, y en la costa, el agua del mar es fría y el oleaje intenso.

INVIERNO

El invierno empieza el 21 de diciembre y termina el 21 de marzo. Es la estación más fría del año. Las horas de luz diurna son escasas y el Sol alumbra durante pocas horas y con rayos muy inclinados la superficie de la Tierra. Las temperaturas bajan mucho, sobre todo durante la noche y al amanecer. Se llega a menudo a temperaturas cercanas a los 0 °C o incluso más bajas. Por eso, en vez de lluvia hay nieve, y en vez de rocío hay escarcha. Es habitual que los estanques, los riachuelos y otras pequeñas masas de agua se hielen: en algunos lugares, situados más al norte, se llega a congelar la superficie de los lagos, aunque los peces y las plantas del fondo pueden sobrevivir sin problemas en el agua que queda debajo del hielo. En esta estación, la vida continúa, pero de forma latente: mamíferos como el oso pardo, el lirón o la marmota duermen un largo sueño que durará hasta la primavera. Los animales que siguen activos se adaptan al nuevo color blanco que domina en esta estación para camuflarse, como los conejos y las perdices. También el zorro se "viste" de blanco para que sus presas no le vean acercarse. En cuanto a las plantas, dominan aquellas que pueden soportar el invierno sin perder sus hojas, como las coníferas. La forma de aguja de sus hojas y la forma de sus copas permite a estos árboles soportar sin problemas las grandes nevadas.

CAMBIA EL TIEMPO. CAMBIAN LAS ESTACIONES

Textos: **Alejandro Algarra**

Ilustraciones: **Rocio Bonilla**

Diseño y maquetación: **Estudi Guasch, SL**

© de esta edición: **Edebé**, 2017

Paseo de San Juan Bosco, 62.   08017 Barcelona

www.edebe.com

Impreso en China. 1ª edición, febrero 2017

Atención al cliente: 902 44 44 41

contacta@edebe.net

ISBN: 978-84-683-2958-1

Depósito Legal: B. 18096-2016